Tracy Summers
Gelassenheit leben

W0047892

Tracy Summers

GELASSENHEIT LEBEN
–
Negative Gedanken loswerden,
Selbstbewusstsein stärken und
innere Ruhe finden

Ausführliche Informationen
über die Autorin und alle Veröffentlichungen
www.tracysummerswriting.de

INHALT

Ge·las·sen·heit

*Gleichmut, innere Ruhe oder Gemütsruhe ist
eine innere Einstellung; die Fähigkeit, vor allem
in schwierigen Situationen die Fassung oder eine
unvoreingenommene Haltung zu bewahren.
Sie ist das Gegenteil von Unruhe, Aufgeregtheit,
Nervosität und Stress*

Dein Zufluchtsort
(Vorwort)

Wann genau sind wir hineingerutscht in diesen Strudel aus Stress, Terminen und Verpflichtungen? Der Tag hat zu wenig Stunden und wir verbringen ihn angespannt und mit einem Gefühl der Unruhe. Wir sind überfordert, haben Angst, etwas falsch zu machen und streben unaufhörlich nach Perfektion. Andere schaffen es doch auch, warum ich nicht? Die Selbstzweifel bestätigen unseren stetigen Druck etwas tun zu müssen und nicht stillsitzen zu dürfen.

Ich zumindest kann nicht sagen, dass es eine Übergangsphase gab, in der ich mich auf all das hätte vorbereiten können. Ich bin mir sicher, es ist von heute auf morgen passiert. Doch vielleicht kann ich mich nicht mehr erinnern, denn zum Reflektieren, Zurückblicken oder „Im-Moment-Sein" bleibt keine Zeit...

Für mich persönlich gibt es einen Ort, an dem sich die ersehnte innere Ruhe ganzheitlich sofort ausbreitet. Wo die Zeit still steht und ich das Gefühl habe, angekommen zu sein: Das Meer. Wenn vor mir diese unendliche Weite auftaucht, ist plötzlich nichts, was mich im Alltag gestresst hat, noch wichtig. Ich könnte das Wasser stundenlang beobachten, ohne auch nur einen Hauch Langeweile zu empfinden. Am Meer bin ich im Hier und Jetzt.

Nur du weißt, wo sich dein Zufluchtsort befindet, an dem du zu Hundertprozent präsent bist. Ein Ort, an dem du keine Sekunde dieses Augenblicks verpassen willst und überwältigt wirst von einem Gefühl des Glücks und der Zufriedenheit.

Leider müssen wir diesen Ort irgendwann verlassen. Kaum haben wir ihm den Rücken zugekehrt, geht der Alltagsterror erneut los. Ein überfüllter Terminkalender, 150 E-Mails und Erledigungen, die sich nicht mehr ignorieren lassen, verlangen uns alles ab. Natürlich können wir Manches aufschieben mit dem Wissen, dass es auf uns zurückfallen wird. Wir powern unter so extremer Anspannung durch den Tag, dass er einfach an uns vorbeizieht.

Während wir versuchen einzuschlafen, drückt uns dieser Rucksack voller persönlicher und individueller Probleme, den wir während der Dauerbelastung am Tag zur Seite schieben. Wünsche und seelische Bedürfnisse, die völlig untergehen.

Die Frage, ob das alles ist, was wir vom Leben zu erwarten haben, quält uns.

Doch wir machen immer weiter und ignorieren das Gefühl, kurz vor dem Zusammenbruch zu stehen. „Ich kriege das schon hin!" Bis unser Körper uns durch eine Krankheit, und sei es nur eine schlimme Erkältung, zwingt, still-zuhalten und uns endlich das zu gönnen, was wir die ganze Zeit über gebraucht hätten: Ruhe.

In diesem Buch geht es darum, mehr vom Gefühl am Meer in dein Leben zu integrieren. Deinen Zufluchtsort auf dich zu übertragen, damit er genau dann erreichbar ist, wenn du ihn brauchst, unabhängig von äußeren Umständen.

Wir werden darüber sprechen, wie du mit deinen Emotionen in Einklang kommst und ruhig bleibst, wenn dir eine vermeintliche Ungerechtigkeit widerfährt. Du wirst dich besser kennen lernen und deinen Selbstwert steigern. Du beginnst, dem Leben zu vertrauen, denn durch ein bewussteres Wahrnehmen fallen dir Dinge auf, die dir zuvor entgangen sind. Das loszulassen, was dich belastet, ist wichtig, um Platz für Neues zu schaffen. Du wirst ohne Druck Entscheidungen treffen können und die Angst vor dem Scheitern verlieren. Die erste und wichtigste Entscheidung, die du bereits getroffen hast, ist die, etwas zu verändern, um gelassener zu werden.

EMOTIONEN

> ### Ge·fühl
> seelische Regung, Empfindung

Gelassene Menschen strahlen eine innere Ruhe aus, die vermittelt, dass sie nichts erschüttern kann. Meist fühlen wir uns in ihrer Nähe wohl, denn sie vermitteln Sicherheit und die Einstellung: alles-wird-gut. Sie zeigen, dass unsere Sorgen, Ängste und dieses Wirrwarr an Emotionen unnötig sind. Was dir schwitzige Hände und Herzklopfen bereitet, bringt einen gelassenen Menschen noch lange nicht aus der Fassung.

Es ist beneidenswert, und dennoch solltest du dich nur auf einem Gebiet bewegen: bei dir. Nur du weißt, was du verändern und welches Maß an Gelassenheit du dir aneignen möchtest. Beginne damit, deine Emotionen weder dir noch anderen gegenüber abzustreiten. Jeder darf so sein, wie er ist und das fühlen, was er fühlt. Es gilt für dich, und auch anderen solltest du dies zugestehen.

Gelassenheit bedeutet Gleichmut, also deinen Gemütszustand sogar in Stresssituationen möglichst beizubehalten. Eine wichtige Voraussetzung hierfür ist, deine Stimmungen nicht zu unterdrücken, sondern sie zu akzeptieren. Jeder Widerstand bedeutet Stress. Obwohl das Ziel ist, mit äußeren Faktoren besser klarzukommen, beginnt Ausgeglichenheit bei dir. Je kleiner du deine Emotionen hältst, desto mächtiger werden sie, deshalb solltest du jedes Gefühl zunächst wahrnehmen und akzeptieren. Es ist normal, auch mal wütend zu werden, sich zu ärgern oder nervös zu sein.

Gebe jeder aufkommenden Emotion den Raum, den sie braucht. Analysiere sie, versuche, sie in Worte zu fassen und du wirst merken: Sie wird sehr viel schneller abflachen als sonst.

I. Step

 Akzeptiere deine Stimmungen

Same stress, different day

Stress
Erhöhte Beanspruchung, Belastung physischer oder psychischer Art

Es mag uns nicht so vorkommen, aber Stress hat eine positive Funktion: Er liefert unserem Körper einen Energieschub, wenn wir eine Aufgabe zu bewältigen haben. Ursprünglich sollte er dafür sorgen, dass wir bei Bedrohungen – wie zum Beispiel durch gefährliche Tiere –, in Sekundenschnelle entscheiden können: rennen oder kämpfen. Heute sind die Auslöser für negativen Stress meistens Kontrollverlust, Zeitdruck und allgemeine Überforderung im Alltag. Hinzu kommt, dass Stress zu einem Statussymbol geworden ist, das vermittelt: Wer erfolgreich ist, muss ausgelaugt sein. Wenn jemand nicht an seiner gesundheitlichen Grenze balanciert, wird seine Arbeit nicht ernst genommen. Wer nicht überlastet ist, kann nicht mitreden. Diese Denkweise werden wir uns mithilfe des Ratgebers abtrainieren.

Wir befinden uns im Alltag beständig auf einem so hohen Stresslevel, dass wir meist nicht mehr herunterkommen. Sobald wir eine kleine Pause haben, halten wir unser Smartphone in den Händen, beantworten schnell ein paar Nachrichten und E-Mails, so ganz nebenbei, und weiter geht's. Hast du in letzter Zeit Menschen beobachtet, die auf die Bahn warten oder in einer Schlange für einen Kaffee stehen? Es dauert kaum zehn Sekunden, bis sie ihr Handy zücken, um die Lücke zu füllen, die eigentlich eine kleine Auszeit sein könnte. Wir haben verlernt, schlicht und einfach irgendwo herumzustehen und zu warten. Wir können nicht einmal mit zwei Minuten „Langeweile" und „Nichts tun" umgehen.

Unser Stress ist also anhaltend, er begleitet uns den ganzen Tag über und oft nehmen wir ihn sogar mit ins Bett. Die Nächte sind alles andere als erholsam, weil es uns nicht gelingt, die Gedanken anzuhalten und am nächsten Tag fühlen wir uns noch labiler. Wir reagieren immer gereizter auf Andere, niemand kann es uns recht machen und weil es diesen Anderen vermutlich genauso geht und sie mit all ihrem Stress nicht mehr zurechtkommen, lädt sich die Stimmung auf, bis man endlich die passende Person zum Streiten oder eine Situation zum Entladen gefunden hat.

Machen wir uns nichts vor, wir haben uns einen Lebensstil angeeignet, in dem Überbeanspruchung unvermeidbar ist. Doch oft liegt es weniger an den Umständen als an deiner Einstellung.

Den Druck, den wir haben, machen wir uns häufig selbst. Das beständige Gefühl, zu spät dran zu sein und zu wenig getan zu haben, findet oft nur in unserem Kopf statt. Es wird immer Aufgaben geben, die darauf warten, erledigt zu werden. Dies kannst du gehetzt und verbissen tun, bist aber gestresster und viel schneller ausgepowert. Oder du erledigst deine Aufgaben mit Freude und einer entspannten inneren Haltung. Sie werden dir leichter gelingen und wir kommen merkwürdigerweise meist sogar schneller zu einem Ergebnis. Natürlich wirst du abermals in Stresssituationen geraten, doch wie lange wirken sie nach und baust du die Anspannung regelmäßig wieder ab? Wir duschen uns jeden Tag und pflegen unseren Körper. Stress abbauen sollte genauso zu deiner Routine gehören wie Zähneputzen.

II. Step

- Genieße es nichts zu tun, statt sofort dein Handy zu zücken
- Erledige deine Aufgaben mit einer entspannten inneren Haltung
- Mache Stressabbau zu deiner täglichen Routine

Abschalten!

Pau̱·se

Unterbrechung, um auszuruhen

Mindestens einmal am Tag solltest du dir eine fünfminütige Auszeit von Allem gönnen. Das Schöne ist, dass diese Übung immer und überall funktioniert, selbst wenn um dich herum alles chaotisch, laut und hektisch ist. Wo auch immer du bist, du hast deinen Rückzugsort dabei, denn er befindet sich in dir. Hole dich in die Gegenwart zurück; hier sind wir viel zu selten. An nichts zu denken klingt simpel, ist aber für die meisten Menschen schwierig. Wenn wir uns eine Auszeit vornehmen, hat unser Kopf unglaublich viel zu erzählen, deshalb ist es sinnvoll, das Gedankenchaos durch Positives zu ersetzen. Es gibt zahlreiche Möglichkeiten, bei denen du aber immer auf eine tiefe und bewusste Atmung achten solltest. Hier eine kleine Auswahl:

- Durchfühle deinen Körper. Fange mit den Füßen an und arbeite dich langsam hoch bis zum Kopf. Achte darauf, dass du jedem Teil deines Körpers, vor allem denen, die sonst nicht von dir beachtet werden, Aufmerksamkeit schenkst.

- Ich bin: Sage dir ausschließlich positive „Ich-bins" auf. Wenn du erst einmal begonnen hast, wird dir immer mehr auffallen, was du an dir schätzt. Niemand hört dich, du kannst also so richtig den Angeber raushängen lassen.

- Denke darüber nach, was in diesem Moment gut ist. Was möchtest du in deinem Leben genauso beibehalten, wie es jetzt ist?

- Hole dich zurück an deinen Lieblingsort aus Kapitel 1. Das Meer, der Wald, die Berge, gehe in Gedanken dort spazieren oder sitze nur da und beobachte, höre, rieche und schmecke deinen Zufluchtsort.

Suche dir eine der Übungen aus und mache sie genau jetzt. Lege das Buch zur Seite und ENTspanne dich: deine Gesichtszüge, deinen Körper, deinen Nacken und lächle doch mal.

Wir registrieren nicht mehr, wie wir unseren Rücken verkrampfen, weil wir im Auto unter Zeitdruck stehen, dass wir unseren Kiefer beim Kochen aufeinanderpressen und beim Telefonieren unsere Stirn in Falten legen. Diese krampfhafte, ungesunde Haltung wird nichts daran ändern, dass du spät dran bist; sie wird dich keine Minute früher ans Ziel bringen, nur schneller und näher an einen Herzinfarkt. Lass locker und lerne dich abzuschotten, egal wo du bist!

Die Welt wird sich während dieser kurzen Zeitspanne nicht verändern – aber du dich.

Diese Auszeit wappnet dich für die nächsten Stunden und durch das bewusste Atmen bekommen unsere Organe endlich den Sauerstoff, den sie brauchen. Gelassenheit bedeutet, achtsam durchs Leben zu gehen und nicht immer nur zu hetzen. Frieden kann erst dann entstehen, wenn du alles etwas langsamer und geduldiger angehst und deiner Seele regelmäßig Ruhe gönnst. All die Dinge, die du bewältigst, kannst du genauso gut mit Leichtigkeit und einer positiven Einstellung erledigen, und ich bin fest davon überzeugt, dass dein Tag rückblickend nicht ganz so stressig war wie sonst. Wenn du einmal fünf Minuten schaffst, schaffst du es womöglich sogar zweimal, bis diese Übung für dich zur Gewohnheit wird und kleine *Ausraster*, weil der Tag mal wieder nicht die benötigten 28 Stunden hat, ersetzt. Immer und überall.

III. Step

- Nehme dir mindestens einmal am Tag fünf Minuten Auszeit, indem du eine der vorgeschlagenen Übungen anwendest
- Erschaffe in dir einen sicheren Rückzugsort

Deine Verantwortung

Ver·ant·wor·tung
die Verpflichtung, für seine Handlungen
einzustehen und ihre Folgen zu tragen

Jeder Mensch geht anders mit Stress um und wird durch unterschiedliche Auslöser gereizt oder nervös. Sich selbst gut zu kennen, ist eine bedeutungsvolle Voraussetzung, um gelassener zu werden. Je genauer du dich einschätzen kannst, desto besser kannst du mit deinen Gefühlen umgehen, anstatt dich von ihnen überrollen zu lassen. Wenn du weißt, wann der Punkt erreicht ist, an dem du deine Beherrschung verlierst, kannst du Auslöser erkennen und vermeiden.

Unsere persönliche Grenze verändert sich, je nachdem wie strapaziert wir sowieso schon sind. Sei ehrlich zu dir, wenn du dir die Frage stellst: Welche Menschen, Umstände und Aufgaben gibt es, die in dir sofort Stress auslösen?

Wähle die erste Situation, die dir in den Sinn kommt und frage dich, warum du so aufgewühlt warst. Lese erst weiter, wenn du eine Antwort hast.

Lautet der Beginn deiner Entgegnung: „Weil er, sie, es ...?" Falls ich dich ertappt habe: Du darfst lachen. Die Arbeit an dir darf Spaß machen.

Wir neigen dazu, die Verantwortung auf andere Personen oder Umstände abzuwälzen und beschweren uns über unzählige Gegebenheiten, die wir nicht beeinflussen können. Wenn du dich bei willkürlichen Schuldzuweisungen erwischt, denke daran: Du kannst manche Umstände nicht ändern und erst recht keine anderen Menschen, aber du trägst die Verantwortung für deine Reaktion.

Kehre zurück zu deiner Situation. Welche Emotionen sind aufgeploppt und was war der wirkliche Grund dafür? Was hättest du anders machen können und galt dein Verhalten überhaupt dem Ereignis selbst oder hat sich nur angestauter Stress entladen? Wir alle überreagieren ab und zu oder stehen so unter Druck, dass ein sonst belangloses Ereignis ausreicht, um das Fass zum Überlaufen zu bringen. Um Verantwortung für dich zu übernehmen, solltest du dir eingestehen, dass du nicht perfekt bist. Es bedeutet aber auch Unabhängigkeit, denn du bestimmst, wie es dir geht – nicht andere. Ist dieser Gedanke nicht erleichternd?

IV. Step

- Welche Situationen lösen bei dir sofort Stress aus und wie kannst du es ändern?
- Übernehme die Verantwortung für deine Reaktion
- Bestimme selbst, wie es dir geht!

Ich verstehe dich nicht

Sprach·bar·ri·e·re
Kommunikationsproblem aufgrund mangelnder
gemeinsamer Sprache

Die meisten Unstimmigkeiten in Beziehungen beginnen mit einer Kleinigkeit. Auch wenn unser Partner noch nie den Müll rausgebracht hat, stören wir uns nach einiger Zeit so sehr daran, dass wir eine große Sache daraus machen. Der Haushalt zählt zu den häufigsten Streitursachen und je länger Paare zusammen sind, desto regelmäßiger diskutieren sie darüber. Jetzt mal ehrlich: Hier geht es doch nicht um den Haushalt. Tatsächlich eher um fehlende Anerkennung und Unterstützung, verpackt in einer Auseinandersetzung darüber, dass deine Partnerin die Socken *neben* und nicht *in* den Wäschekorb geworfen hat. Es ist deutlich, dass sich die betreffenden Personen auf völlig verschiedenen Kommunikationsebenen befinden:

Das Kommunikationsmodell, das uns in der

Schule langweilig vorkam, wird spätestens in Beziehungen sehr hilfreich. Du sagst etwas, aber dein Gegenüber hört etwas völlig anderes. Aus einem Missverständnis wird nicht selten ein Streit. Nehmen wir an, ihr geht zusammen nach Hause und du sagst: „Mir ist kalt" und blinzelst mit großen Augen. Auf der Sachebene beschreibst du das Wetter, doch auf der Appellebene bittest du um die Jacke oder zumindest einen wärmenden Arm um deine Schulter. Auf der Beziehungsebene sagst du: „Ich halte dich für unromantisch" und du selbst offenbarst: „Ich wünsche mir Schutz und Sicherheit". Das sind viele Informationen, die in einem Satz stecken können, und dass dein Partner zusätzlich vier Ohren hat, macht es nicht leichter. Ist dein Liebster gegebenenfalls schon voreingenommen, hört er: „Du erfüllst meine Ansprüche nicht" und beide Seiten sind frustriert, ohne sich wirklich verstanden zu haben. Was du meinst und was bei deinen Mitmenschen ankommt, sind häufig zwei verschiedene Sprachen.

Generell solltest du darauf achten, deine Sätze mit „Ich" zu beginnen. Vermeide es, mit „du" zu starten. Zum einen hört es sich für dein Gegenüber nach einem Vorwurf an, zum anderen überträgst du auch hier die Verantwortung. Wenn du einen Satz mit Ich beginnst, offenbarst du nicht mehr und nicht weniger als deine Sichtweise.

Umgekehrt solltest du dich beim Zuhören beobachten. Nimmst du wahr, was dir erzählt wird oder wartest du nur auf den richtigen Zeitpunkt, um endlich losreden zu dürfen? Wer zuhört, lernt mehr, und am meisten über sich selbst.

Wenn du dir selbst und deinem Gegenüber erklären kannst, wie du dich wirklich fühlst, wird es eine Diskussion entschärfen. Denn die Person wiederum weiß nicht, dass du dir eigentlich nur eine feste Umarmung wünschst, wenn du dich über etwas Unwichtiges aufregst.

Deshalb ist es so wichtig, den wahren Grund deiner Emotionen zu hinterfragen. Woran liegt es wirklich? Und auf welcher Kommunikationsebene befindest du dich? Wenn du sie analysieren und verstehen kannst, fällt es dir leichter, ruhig zu bleiben. Gelegentlich wird es dich sogar zum Lachen bringen und du kannst über Manches besser hinwegsehen. Oder du setzt deine individuelle Grenze, allerdings in einem normalen Gespräch und ohne Wut im Bauch.

V. Step

✎ Frage dich bei der nächsten Auseinander-
setzung:
- Worum geht es wirklich?
- Auf welcher Kommunikationsebene
befindest du dich und mit welchem
Ohr hört dich dein Gesprächspartner?

✎ Beginne deine Sätze mit „Ich", um deine Perspektive auszudrücken

✎ Höre aufmerksam zu

Die Hauptrolle

Pro·t·a·go·nist
die wichtigste Figur in einem Roman, Theater-
stück oder Film

Wenn du dich über eine angebliche Ungerechtigkeit ärgerst, und das tun wir sehr häufig,
erinnere dich an Folgendes: In deinem Leben
bist du der Hauptdarsteller. Ohne diese Tatsa-
che in richtig oder falsch einzuordnen, dreht
sich in deiner Welt alles um dich. Wenn du dich
in andere Menschen hineinversetzt, wirst du
merken, dass es ihnen genauso geht. In ihrem
Leben sind sie der Protagonist. Wenn du dir
dessen bewusst bist, kannst du mit Stresssituationen objektiver umgehen. Du ärgerst dich,
weil du alles, was dir widerfährt, als persönlichen Angriff einordnest, aber vieles hat überhaupt nichts mit dir zu tun. Es ist also nicht
nötig, wütend oder aufbrausend zu werden.

Wir alle können uns in die folgende Situation
hineindenken:

Deine Chefin verdonnert dich zu einer Aufgabe, die eigentlich deinem Kollegen aufgetragen wurde. Dieser hat sich durch seine konsequente Arbeitsscheu wiederholt erfolgreich aus diesem Dienst herausgemogelt. Wie gehst du damit um? Bist du sauer, lässt dir aber nichts anmerken, oder fängst du direkt an zu schimpfen, weil du dir das nicht gefallen lässt? Wem gilt deine Wut? Jetzt versetze dich in die Lage der beiden. Womöglich bekommst du die Aufgabe, weil du nun mal am zuverlässigsten bist und dir viel zugetraut wird. Dein Kollege ist unter Umständen maßlos überfordert und hat nicht genug Selbstvertrauen, sich der Aufgabe anzunehmen. Sobald du aufhörst, die Situation persönlich zu nehmen, ergeben sich unzählige harmlose Möglichkeiten, wie es dazu kommen konnte, und allein das Nachdenken darüber und das Einnehmen einer anderen Perspektive, beschwichtigt unsere Gefühle.

VI. Step

- Nicht alles, was dir widerfährt, hat auch etwas mit dir zu tun
- Versetze dich in andere hinein

Du hast die Wahl

Wahl
die Entscheidung zwischen zwei oder
mehreren Möglichkeiten

Wut festhalten ist wie Gift trinken und darauf
warten, dass der Andere stirbt.
– Buddha.

Wir können täglich beobachten, wie Menschen sich scheinbar grundlos streiten aufgrund von Belanglosigkeiten. Ab und zu gerät man sogar selbst in die Schusslinie der Unzufriedenheit anderer. Sich auf einen Streit einzulassen und vollkommen auszuflippen, ist genau die Reaktion, die dein Gegenüber provozieren möchte. Womöglich unterbewusst, aber diese Person möchte nichts weiter, als einen Konflikt entfachen, um den eigenen Frust loszuwerden. Womöglich ist sie heute extrem überfordert und die Zündschnur sehr viel kürzer. Möchtest du wirklich darauf eingehen, verärgert reagieren und dich in Rage reden? So viele Stresshormone ausschütten, dass dein Immunsystem sofort nach unten fährt, und die nächsten 30 Minuten leicht zitternd und flach atmend verbringen? Kein Mensch und kein Umstand sollte so viel Macht über deine Stimmung haben dürfen. Oder entscheidest du dich dafür, darüber zu stehen, dich nicht aus der Ruhe bringen zu lassen und der Person zu entgegnen: „Ich wünsche Ihnen einen tollen Tag."

Was fühlt sich besser an? Falls du jetzt zweifelst und denkst: „Aber ich bin wie ich bin, ich kann mich nicht von jetzt auf gleich verändern." Das musst du auch nicht, aber du solltest den Gedanken, zu sein wie du bist, nicht als Ausrede vorschieben. Du kannst dich dazu entscheiden, dich weiterzuentwickeln. Beginne zunächst mit deiner äußeren Reaktion, sie hat enormen Einfluss auf deine innere.

In jeder Situation gibt es eine kurze Zeitspanne von dem Moment, in dem du etwas erlebst, bis zu deiner Reaktion. Nutze diese Sekunde(n), um eine Entscheidung zu treffen. Du hast die Wahl, an die Decke zu gehen, anderen die Macht über deine Gefühle zu geben und einen Schluck Gift zu trinken, indem du die Wut nach oben kochen lässt. Oder du besänftigst den Groll in dir, indem du ein-, zweimal tief durchatmest, objektiv und in deiner inneren Mitte bleibst. Wenn du dich erst gegen die aufbrausende Reaktion entschieden hast, wird die Aufregung in dir sehr viel schneller abklingen. Im besten Fall wird dein Tagesablauf durch dieses Ereignis nicht mehr weiter beeinflusst.

VII. Step

- In fiesen Situationen bleibst du gelassen und freundlich. Irgendwann bleibt nicht nur deine Fassade, sondern auch dein Inneres ruhiger
- Verleihe niemandem die Macht, deinen Tag zu bestimmen

Tag für Tag

Wohl·be·fin·den
Zustand eines Menschen, in dem er körperlich
gesund, geistig rege ist und positiv mit seiner
Umwelt übereinstimmt

Du hast des Öfteren das Gefühl, dass dir die Dinge entgleiten, jeden Tag ein bisschen mehr? Das alles geht dir zu schnell, du fühlst dich abgekämpft? Trotzdem wirfst du dir selbst vor, nicht stärker zu sein – andere bekommen das doch alles hin, oder?

Nein.

Und du musst auch nicht immer härter und resilienter werden bis zum Zusammenbruch. Allerdings möchtest du etwas verändern. Deshalb solltest du sofort damit anfangen.

Unser Start in den Tag ist äußerst wichtig für den weiteren Verlauf und in den sozialen Medien werden uns so viele Morgenroutinen vorgeschlagen, dass wir damit 24 Stunden verbringen könnten, und selbst das setzt uns irgendwie unter Druck. Vergiss sie alle, denn es kommt morgens nur auf eines an: dein Wohlbefinden!

Wer morgens Stress hat, wird ihn den ganzen Tag mit sich ziehen. Wer unter Zeitdruck steht, wird es weiterhin sein. Minimiere deshalb Stressfaktoren in der ersten Stunde des Tages so stark wie möglich. Beginne bereits heute damit, indem du dich vorbereitest, um am Morgen nicht von Aufgaben überrollt zu werden. Stehe früh genug auf, um Hektik zu vermeiden und plane etwas Zeit ein, um alle Aufgaben des Tages aufzuschreiben und somit nicht mehr darüber nachdenken zu müssen.

Nach dem Aufwachen solltest du deinem Gehirn mindestens eine halbe Stunde Zeit geben, um anzulaufen – ohne Smartphone oder PC. Wenn du direkt, nachdem du die Augen geöffnet hast, in einen Bildschirm blickst und deine Nachrichten checkst, reagiert das Gehirn nur auf etwas. Das steigert dein Stresslevel sofort und zieht sich den ganzen Tag hindurch. Außerdem kennen wir alle das „kurz mal nachsehen", aus dem plötzlich 20 Minuten werden, die uns dann für unsere Tagesvorbereitungen fehlen. Oder aber es zieht uns direkt in den Bann der To Do's. Produktiver sind wir dadurch trotzdem nicht.

Starte stattdessen sanft und bleibe noch kurz im Bett liegen. Spüre in dich hinein. Wie geht es dir heute und vor allem: Wofür bist du dankbar? Diese Übung ist deshalb so wirkungsvoll, weil es gar nicht möglich ist, dankbar zu sein und sich währenddessen schlecht zu fühlen. Dankbarkeit ist reine Positivität, die dein Energielevel über die nächsten Stunden anheben wird. Du kannst dir zusätzlich eine Intention für diesen Tag setzen, die beispielsweise lautet: „Ich nehme alle Herausforderungen an und bleibe dabei gelassen." Sie ist den ganzen Tag über dein Anker. Sobald du Gefahr läufst, dich zu überlasten, kannst du auf sie zurückgreifen und dich neu ausrichten.

Der Abschluss am Abend ist ebenfalls wichtig. Durchdenke vor dem Schlafen das Erlebte, konzentriere dich darauf, was gut gelaufen ist. Denke darüber nach, ob deine neue Morgenroutine deinen Tag beeinflusst hat. Falls etwas schiefgelaufen ist, ist das vollkommen okay. Morgen ist eine neue Gelegenheit, um dir zu überlegen, was du anders hättest machen können. Heute jedenfalls ist es dir nicht möglich noch etwas daran zu ändern. Schließe den Tag mit der gleichen Dankbarkeitsübung ab, mit der du ihn begonnen hast. Liegt jemand neben dir? Toll, dann nehme das bewusst war und sei dankbar für diese Person. Liegt niemand neben dir? Auch schön, mehr Platz für dich.

Und was ist mit der Mitte des Tages?

Weißt du, warum wir das Gefühl haben, das Leben würde an uns vorbeirasen? Sicher hast du bemerkt, die Zeit vergeht schneller, je älter du wirst. Es ist tatsächlich so und liegt größtenteils an unserer Bewusstlosigkeit. Als Kind dauert jeder Tag eine Ewigkeit, weil es so unglaublich vieles zu entdecken gibt. Alles ist interessant und Kinder beschäftigen sich stundenlang mit belanglosen Sachen. Mit jedem Lebensjahr machen wir immer öfter das Gleiche. Wir schlittern in eine Alltagsroutine, es gibt nicht mehr viel zu entdecken oder zumindest nehmen wir uns die Zeit dafür nicht, denn wir haben vermeintlich Wichtigeres zu tun. Wir drehen unsere Runden in unserer Komfortzone und schon ist ein weiteres Jahr vergangen. Natürlich wäre es schön, jeden Tag mit aufregenden Aktivitäten zu füllen, aber seien wir ehrlich: Jeden Tag wie den letzten zu leben, mag als Kalenderspruch toll klingen, in Wirklichkeit wäre es ein Desaster. Ich persönlich würde in völlige Panik geraten, den ganzen Tag weinen und mich von Selbstmitleid überschwemmen lassen. Viel wichtiger wäre es, nicht alles als selbstverständlich hinzunehmen, sondern dem Tag die Aufmerksamkeit zu schenken, die er verdient, indem wir ihn dankbar starten und am Abend Revue passieren lassen.

VIII. Step

- Schaffe dir morgens schon Gelassenheit auf Vorrat an
- Setze dir eine Intention, auf die du den ganzen Tag zurückgreifen kannst
- Bei Morgenroutinen sollte es nur um eines gehen: Dein Wohlbefinden!
- Schenke jedem Tag die Aufmerksamkeit, die er verdient und lasse ihn nicht einfach an dir vorbeiziehen

Verlass dich drauf

> **Ver·trau·en**
> Der feste Glaube, dass man einer Person oder
> einer Macht persönliche Dinge und Gefühle
> ohne Risiko übertragen kann und dass diese
> Person oder Macht absolut verlässlich ist

Objektiv betrachtet ist es manchmal beinahe lustig, wie sehr wir uns in Unwichtiges hineinsteigern können. Menschen überleben schlimme Schicksalsschläge, gehen gestärkt aus ihnen heraus, aber toben vor Wut wegen Lappalien. Der Straßenverkehr ist unter den Top 15 im deutschen Stressranking zu finden. Kein Wunder, wenn ich an all die Menschen denke, die wutentbrannt, schimpfend und mit hochrotem Kopf in ihrem Auto sitzen und drängeln. Sie verkürzen unbewusst ihre Lebenszeit, weil sie versuchen, eine Zeitersparnis von etwa fünf Minuten in der Stunde zu erzwingen. Wir müssen nicht darüber sprechen, wie lächerlich das ist. Und trotzdem: Auf diese Art machen wir es im

Allgemeinen mit unseren Zielen. Wir arbeiten mit einer so extremen Verbissenheit auf etwas hin, dass wir alles andere vergessen. Spaß spielt keine Rolle mehr, hier geht es um harte Arbeit. Wir halten fest, obwohl wir loslassen sollten und nehmen unser Leben viel ernster als es ist. Wenn eine Sache nicht funktionieren will und immer nur zehrend und anstrengend ist, wenn sie dich regelrecht zermürbt, ist das eventuell ein Zeichen dafür, eine andere Richtung einzuschlagen und loszulassen. Ab und zu dürfen wir uns zurücklehnen und darauf vertrauen, dass alles zur rechten Zeit zu uns kommt. Wenn du anfängst zu vertrauen, wird eine Menge Druck abfallen. Es tut gut, sich einfach mal darauf zu verlassen, dass du in Zukunft genauso mit Herausforderungen klarkommen wirst, wie du es schon vorher getan hast. Dein Leben wird unkomplizierter, wenn du akzeptierst, dass nicht immer alles logisch ist.

Manchmal wollen wir etwas unbedingt. Wenn wir es nicht bekommen, ärgern wir uns und sind traurig, denn nach unserer Anschauung hätte es so sein müssen. Es kann Jahre dauern, bis wir verstehen, dass es gut war, diese Möglichkeit nicht zu bekommen, weil danach eine viel bessere auf uns gewartet hat. Wenn etwas nicht funktioniert, erkennen wir die

Gründe oft erst sehr viel später. Wir verstehen, welche fatalen Auswirkungen es gehabt hätte, wenn alles nach unseren Vorstellungen gelaufen wäre. Denke zurück: Wann hat das Leben für dich die richtige Entscheidung getroffen, obwohl es sich zu diesem Zeitpunkt falsch und schmerzhaft angefühlt hat?

Wie oft muss das Leben uns beweisen, dass wir ihm vertrauen können, bevor wir es tun? Eigentlich wissen wir doch, dass alles besser läuft, wenn wir mit Selbstbewusstsein und Optimismus an die Sache herangehen. Diese Zuversicht wird dich nicht vor der einen oder anderen Enttäuschung beschützen, doch Angst noch viel weniger. Es wird uns niemals gelingen, alles im Leben zu kontrollieren, vielmehr sollten wir lernen loszulassen und dem Leben zu vertrauen.

Leben lässt sich nur rückwärts verstehen,
muss aber vorwärts gelebt werden.
– Sören Aabye Kierkegaard.

IX. Step

- Vertraue darauf, dass zu dir kommt, was du brauchst, wenn auch nicht immer das, was du willst
- Wenn etwas immer nur schwierig und anstrengend ist, hat das einen Grund; vielleicht solltest du eine andere Richtung einschlagen
- Zähle auf dich, denn du wirst auch in Zukunft deine Herausforderungen meistern

Mieser Punktrichter

Punkt·rich·ter
jmd., der bei Wettkämpfen in bestimmten
Sportarten Wertungspunkte vergibt

Wir halten stets verschiedene Schubladen bereit, in die wir alles und jeden einordnen. Aufgrund unserer eigenen Maßstäbe finden wir alles Mögliche unverschämt, rücksichtslos und egoistisch. Was ist, wenn der Mensch neben dir aufgrund seiner Erfahrungen ganz andere Werte hat?

Wir sollten ein ernsthaftes Bewusstsein dafür erschaffen, was wir in unserem Leben für *nicht gut* befinden und ablehnen. Das Outfit einer uns gegenüberstehenden Person, das Benehmen deines Kollegen, die Verspätung deiner Freundin. Während wir vermeintlich gedankenlos herumschlendern, hat die Stimme unseres Unterbewusstseins viel zu erzählen. Tag für Tag bewerten, beurteilen und verurteilen wir nach Richtlinien, von denen wir meinen, sie wären korrekt. Manchmal sogar zusammen mit Anderen. Die

Mehrheit kann auf hunderte Meter Entfernung erkennen, ob eine Person sich nur unterhält oder über irgendetwas empört. Die Körperhaltung und die Mimik zeigen es deutlich. Zu beobachten, wenn jemand lästert, fühlt sich unangenehm an, unabhängig davon, um wen es geht. Vor allem wenn wir selbst schlecht über jemanden oder etwas reden, werden wir von dem dichten Nebel der Negativität eingehüllt.

Menschen, die immer nur schlecht über andere reden, lenken ganz klar von sich selbst ab. Solange der Fokus auf jemand anderem ruht, müssen sie sich nicht mit ihren eigenen Unsicherheiten auseinandersetzen. Ein Mensch, der ausgeglichen und mit sich selbst zufrieden ist, verurteilt nicht.

Wie viel Energie uns Ablehnung kostet, bemerken wir erst, wenn wir uns jede Einzelne bewusst machen. In letzter Zeit achte ich sehr darauf, den Lebensstil anderer nicht anzuprangern, auch nicht innerlich. Jedes Mal, wenn ich es in Gedanken tue, ploppt ein Stoppschild auf und ich muss gestehen – es passiert überraschend häufig. Wir finden alles Mögliche ungut, obwohl es uns weder betrifft noch in irgendeiner Weise schädigt, noch nicht einmal beeinflusst. Ohne das ständige Einteilen in Gut und Schlecht bleiben unsere Emotionen viel stabiler.

Für *dich* ist *deine* Ansicht wichtig, für andere sind es die eigenen.

Mit einer einfachen Übung kannst du den Job des miesen Punktrichters kündigen:

Fange an, positive Punkte an jeden Menschen zu verteilen, der dir begegnet. Nun fallen dir sicher sofort die ein oder anderen Personen ein, die du gänzlich ablehnst. Sogar an ihnen wird dir etwas Positives auffallen, wenn du danach suchst. Sei es nur die Frisur oder eine andere Äußerlichkeit. Vielleicht ist es ein bisschen bewundernswert, mit welcher Selbstsicherheit diese Person durchs Leben geht. Es wird deine Stimmung heben, etwas als gut zu bewerten, das du sonst als schlecht empfinden würdest. Diese Übung funktioniert genauso hervorragend mit deinem eigenen Spiegelbild. Anstatt immer nur an dir herumzumäkeln, kannst du zur Abwechslung die Punkte an dir hervorheben, die du magst und schätzt.

Das langfristige Ziel ist, das Bewerten deines Umfeldes irgendwann ganz abzulegen, denn nur wenn der Fokus auf dir selbst liegt, kannst du in dir ruhen.

X. Step

- Schlecht über jemanden zu reden fühlt sich nie gut an
- Ein Mensch, der mit sich selbst zufrieden ist, urteilt nicht über andere
- Ablehnung kostet sehr viel Energie
- Vergebe positive Punkte an jeden Menschen, der dir begegnet
- Mache die Übung mit deinem eigenen Spiegelbild
- Versuche das Bewerten gänzlich abzulegen

Dein roter Teppich

Er·war·tung
vorausschauende Vermutung,
Annahme, Hoffnung

Die ganze Welt soll mir zu Füßen liegen, mein Leben und alle Menschen um mich herum sind dazu da, dass es mir gut geht. Andere sind mir egal, es geht nur um mich.

Wenn ich diesen Satz aussprechen würde, was würdest du empfinden? Tatsächlich würden sich die Wenigsten mit diesen Worten identifizieren. Dennoch spiegeln unsere Gedanken und unser Verhalten genau diesen Satz wider. Denn während wir durch unser Leben schlendern, bemerken wir nicht, was wir von Allem und Jedem erwarten.

Du hast die Vorstellung, dass deine Kinder das tun, was du ihnen aufträgst. Dass sie ihr Zimmer aufräumen, mehr lernen, dankbar sind für das, was du ihnen gibst, dich unterstützen, keine Drogen nehmen, sich im Allgemeinen anständig benehmen und im besten Fall so werden wie du.

Du kannst deine Vorgesetze nicht leiden, weil du von ihr erwartest, dass sie dich wertschätzt, deine Arbeit lobt, dich anständig bezahlt und vernünftig behandelt.

Dein Mann treibt dich in die Verzweiflung; du möchtest, dass er seine Socken *in* den Wäschekorb wirft und dir Liebe und Zuneigung schenkt. Du bist sauer auf die Verkäuferin, weil du erwartest, dass sie freundlich ist, nicht gestresst, schnell arbeitet, keinen Smalltalk mit dem Kunden vor dir führt, dass alles vorrätig ist, was du brauchst, dass sie lächelt, nicht patzig ist und dir das passende Rückgeld gibt.

Wie soll unser Umfeld uns nicht enttäuschen, wenn wir so viele Gelegenheiten bereithalten? Wir stören uns am Verhalten unserer Mitmenschen, obwohl wir keinerlei Kontrolle darüber haben. Es ist tief in uns verankert, uns bestimmte Abläufe vorzustellen und dann enttäuscht zu sein, wenn das Leben nicht wunschgemäß verläuft. Wenn wir weniger Ansprüche hätten, würden wir uns sehr viel weniger ärgern.

Jede Erwartung ist ein Band, dass du dir anlegst, und mit dem du dich an etwas oder jemanden kettest. Zu viele Bänder und wir sind eingesperrt und können uns nicht mehr bewegen.

Die Folge ist eine Essenz der Enttäuschung, denn andere Menschen sind nicht auf der Welt, um dich glücklich zu machen.

Dieser Rucksack von Erwartungen, den wir jeden Tag mit uns herumschleppen, ist wirklich schwer. Wie viel leichter würde sich dein Leben ohne ihn anfühlen?

Auch hier gilt es, Verantwortung zu übernehmen für mehr Unabhängigkeit. Wenn du dir das, was du dir von anderen wünschst, selbst erfüllst, bedeutet es nichts anderes als Freiheit. Umgekehrt hast natürlich auch du das Recht, Erwartungen nicht zu erfüllen.

Wenn deine Vorgesetzte dich nicht so behandelt, wie du es möchtest, kannst du entweder akzeptieren, darüber sprechen und Änderungen vorschlagen oder du gehst. Du könntest jedoch einige deiner Erwartungen selbst erfüllen.

Warum muss deine Chefin dich noch wertschätzen, wenn du es selbst tust? Wenn du deine Arbeit mit Freude machst und dich selbst jeden Tag dafür lobst, brauchst du die Anerkennung von außen nicht mehr. Was würde passieren, wenn du deinem Mann die Liebe und Zuneigung gibst, die du dir von ihm wünschst? Ziehe es in Betracht, der unfreundlichen Verkäuferin ein Lächeln zu schenken, denn vielleicht wurden ihre Erwartungen heute auch nicht erfüllt.

XI. Step

- Notiere dir einen Tag lang jedes Ärgernis und frage dich dann, ob es an eine Erwartung geknüpft war.
- Du hast keine Kontrolle über das Verhalten deiner Mitmenschen
- Weniger Ansprüche = Weniger Ärger
- Erfülle dir das, was du dir von anderen wünscht, selbst
- *love it. Change it. Or leave it.* – Henry Ford

Wer loslässt hat zwei Hände frei

los·las·sen
nicht mehr festhalten, der Fesseln entledigen

Wenn wir ein Problem haben, liegt unser Fokus oft nicht darauf, es zu lösen. Wir halten es fest und möglichst nah bei uns, denn es loszulassen würde bedeuten, dass wir es nicht mehr kontrollieren können. Also beschäftigen wir uns weiterhin damit und klammern uns an eine Vorstellung, wie alles hätte verlaufen können. Dir wurde Unrecht getan? Lass es los, ansonsten wird es dich weiter beeinflussen, und das ist gewiss schlimmer als das Unrecht an sich.

Uns fehlt die Akzeptanz, dass das Leben anders verläuft, als wir es uns ausmalen und wir wollen uns nicht eingestehen, dass eine Veränderung längst überfällig ist. Wir bleiben bei unseren Gewohnheiten, hinterfragen nicht, ob sie noch gut für uns sind, Hauptsache wir müssen unsere Komfortzone nicht verlassen. Wie viele unglückliche Partnerschaften gibt es in deinem Umfeld, nur weil sich zwei Menschen vormachen, wie schön doch alles einmal war und bestimmt wieder sein könnte, es aber nicht ist? Verlust ist schmerzhaft, noch qualvoller ist es, sich an Erinnerungen und falsche Vorstellungen zu klammern.

Ich kenne einige Menschen, die unglücklich sind, weil sie an etwas festhalten, das sie längst nicht mehr bereichert. Du musst einen Weg nicht für immer fortführen. Alles ist vergänglich und irgendwann ist es Zeit für eine Veränderung. Opfere also nicht dein Glück und deine Gesundheit, nur weil du denkst, einen eingeschlagenen Weg immer weitergehen zu müssen.

Wir können vieles beeinflussen und lenken, dennoch nicht alles kontrollieren, selbst wenn wir uns das einreden.

Kennst du das Gefühl, nachdem du deinen Kleiderschrank entrümpelt hast? Wenn wir uns erst dazu überwunden haben, fühlt es sich fantastisch an, aufgeräumt und viel leichter. Das Gleiche kannst du mit deinem Leben und deiner Gefühlswelt tun.

Gibt es halbherzige Freundschaften, die du schon lange beenden möchtest? Verzeihe den Menschen, die dich verletzt haben. Löse Ungelöstes, indem du dich endlich für den Streit entschuldigst, der eine Ewigkeit her ist, ganz egal ob du Recht oder Unrecht hattest, und sei es nur in Form eines Briefes, den du nie abschickst. Denke ein letztes Mal intensiv über die Gedanken nach, die seit Jahren ihre Kreise in deinem Kopf drehen und dann: Lass. Sie. Los. Und erschaffe Raum für Neues und Gutes. Wenn wir loslassen, gewinnen wir mehr als wir verlieren.

XII. Step

- Halte ein Problem nicht fest, sondern löse es
- Du musst einen eingeschlagenen Weg nicht immer weitergehen
- Entrümple dein Leben und deine Gefühlswelt wie deinen Kleiderschrank
- Nur wenn du loslässt, kann Platz für etwas Neues und Gutes entstehen
- *Manchmal bedeutet Glück, etwas nicht zu begreifen.* – François Lelord, Buch Hectors Reise

Entscheide dich!

Ent·schei·dung
die Wahl einer Handlung aus mindestens
zwei Alternativen unter Beachtung der
übergeordneten Ziele

Wir treffen täglich zirka 20.000 Entscheidungen. Viele davon sind unwichtig, denn ob du Kaffee oder Tee wählst, bringt nicht wirklich große Konsequenzen mit sich.

Sicher stehst du auch ab und zu vor Entscheidungen, vor denen du dich drückst, die du Tag für Tag aufschiebst aus Angst, einen Fehler zu machen. Dieser nicht gefasste Beschluss schwebt über dir wie eine Regenwolke, die stündlich bedrohlicher wirkt und trotzdem: Du wartest ab. Manchmal löst sich das Problem tatsächlich von selbst, meistens jedoch wird die unheilvolle Wolke größer und die Optionen weniger. Irgendwann hast du keine Wahl mehr und die Entscheidung wurde nicht *von* dir, sondern *für* dich getroffen. Somit hast du dich aufs Neue erfolgreich aus der Verantwortung gezogen und dich fremdbestimmen lassen. Wie kannst du von Grund auf lernen, eigenverantwortlich kleine und große Entscheidungen zu treffen?

Welche Werte und Überzeugungen hast du? Was ist dir wichtig und wofür stehst du? Du kannst deinen Prinzipien nur treu bleiben, wenn du sie kennst. Außerdem solltest du deine eigenen ganz klar von anerzogenen und auferlegten unterscheiden können. Wenn du dann den nötigen Mut aufbringst, sie zu leben, werden sie dir bei der Entscheidungsfindung sehr hilfreich sein. Deine Werte sind ein Wegweiser zu der Person, die du sein möchtest und sie sind ein unterstützendes Gerüst aus Regeln, die dir jede Menge Grübeleien ersparen.

Jeden Tag kannst du dich dafür entscheiden, ob du heute zur Arbeit gehst oder lieber weiterschläfst. Es mag sich nicht immer so anfühlen aber: Du hast eine Wahl. Die Konsequenzen sind eine andere Sache, doch du entscheidest dich dafür. Du machst es, weil deine Einstellung von dir verlangt, verantwortungsbewusst zu sein und dein Team nicht hängen zu lassen. Ohne nachzudenken, handelst du nach deinem Werteprofil. Eine bewusste Aufstellung deiner Prinzipien kann das Gleiche in anderen Lebenssituationen bewirken:

Wenn der Wert „körperliche Gesundheit und Fitness" im Moment sehr wichtig für dich ist und du im Restaurant nach deinen Wünschen gefragt wirst, wird es dir leichter fallen, dich für das gesündere Gericht zu entscheiden, denn du kennst deine Regel. Wenn „Achtsamkeit" und „im Moment leben" dazugehören, wirst du nicht nach deinem Smartphone greifen, wenn du eigentlich zuhören solltest. Hilfsbereitschaft wird dich sofort aufstehen lassen, wenn ein Sitzplatz benötigt wird und erspart es dir, darüber nachzudenken, ob der Mensch, der dich nach Kleingeld fragt, es wirklich braucht.

Hier handelt es sich um kleine alltägliche Situationen, die sich auf dein gesamtes Leben übertragen lassen, denn diese „unwichtigen Kleinigkeiten" machen dich achtsamer und schenken dir Sicherheit. Sie sind der Anker, auf den du zurückgreifen darfst, wann immer du dich nicht entscheiden kannst.

– First things first

Deine Prioritäten sind im Gegensatz zu deinen Prinzipien stark vom aktuellen Lebensabschnitt abhängig. Was ist jetzt am wichtigsten für dich? Hat deine Familie Vorrang oder ist es zu diesem Zeitpunkt unerlässlich, all deine Energie in dein

Startup zu packen? Bewerte sie nicht, sei hier ehrlich zu dir. Wenn dein Fokus beispielsweise momentan auf deiner Familie liegt, wird es dir nicht schwerfallen, nein zu einer Zusatzaufgabe zu sagen, die dich sehr viel Zeit kosten wird.

– Ich & Die anderen

Manchmal fragen wir zehn andere Menschen nach ihrer Meinung, bevor wir in uns gehen und uns fragen, was wir denn möchten. Und wenn du dies schon einmal getan hast, weißt du, dass diese zehn Menschen meist zwölf verschiedene Meinungen haben. Ganz egal was du vorhast, es wird jemanden geben, der dagegen ist. Möchtest du immer dem Weg folgen, den andere dir vorgeben oder deinen eigenen Pfad erschaffen? Sich die Meinung von anderen einzuholen, die nichts mit deinem Leben zu tun haben, dich nicht richtig kennen oder die gleichen Werte verfolgen wie du, ist, als würdest du um das Rezept eines Kuchens bitten, der dir nicht geschmeckt hat. Wenn du Unterstützung und einen Rat brauchst, wähle ganz bewusst, von wem, und mache bei Entscheidungen deine Meinung zur Wichtigsten.

– Ich spür da was

Innerhalb der ersten Sekunden, noch bevor der Kopf auch nur einen Gedanken zum Ausdruck bringt, hat unser Bauch sich schon entschieden. Er sagt sofort *Ja* oder *Nein*, trotzdem wird er von uns gern ignoriert, mit Argumenten ruhiggestellt und schon haben wir eine Entscheidung aus dem Kopf getroffen, obwohl sich unser Instinkt dagegen sträubt.

Bestimmt standest du schon einmal vor einer Trennung. Wenn eine Beziehung sich nicht mehr gut anfühlt, können wir noch so viele Pro- und Kontralisten anfertigen, unser Herz sagt uns bereits die Antwort. Ein ungutes Empfinden macht sich bemerkbar, obwohl du das Problem nicht wirklich in Worte fassen kannst. Oft entsteht eine handfeste Krise erst, nachdem sich diese schlechte Vorahnung bereits eingeschlichen hat. Dann bekommt unser Kopf endlich die Begründung, die unser Bauch nicht nötig hatte.

Das Gehirn freut sich über jede rationale Entscheidung, die von uns mit logischen Argumenten untermalt wird. Leider ist es nichts anderes, als ein Verrat an uns selbst, wenn wir entgegen unseres Empfindens handeln. Wir laufen Gefahr, unsere Intuition irgendwann ganz zu verlieren und das obwohl uns meist im Nachhinein bestätigt wird, dass wir auf sie hätten hören sollen. Wie viele Male hast du dir schon gedacht: Ich hätte das nicht tun sollen! Hätte ich doch nur auf meinen Bauch gehört.

Intuition = nach innen schauen

– Die Angst vor der falschen Wahl

Natürlich müssen wir zwischen kleinen Entscheidungen und denen, die große Konsequenzen nach sich ziehen, unterscheiden. Manche Entschlüsse würden uns eine Menge Geld kosten und unser Leben verändern. Oder wir wissen, dass wir andere Menschen enttäuschen oder verletzen könnten, und fürchten uns so sehr vor der falschen Wahl, dass es uns ganz verrückt macht. Wie ging es dir in solchen Momenten? Unser Kopf springt hin und her, die Überlegungen kreisen um sich selbst, unsere innere Stimme schweigt, denn wir sind so verwirrt, dass irgendwann beide Optionen nicht mehr richtig scheinen. Du wirst es leider anhand von Gedankenspielen nicht herausfinden können. Warte auf eine ruhige Minute und setze dir einen Zeitrahmen, in dem du dir erlaubst, dir über alles Gedanken zu machen, was dir in den Kopf kommt. Sammle hilfreiche Informationen. Wenn du jemanden kennst, der den einen oder anderen Weg bereits gegangen ist, frage nach. Bleibe objektiv, denn in einem Gefühl der Angst wirst du keine gute Wahl treffen. Was würdest du einem Freund raten, wenn er in deiner Situation wäre?

Ohne ihm einen zu hohen Stellenwert zu geben, solltest du auch den *Worst Case* kennen. Wenn wir uns mit dem Schlimmsten, das passieren kann, auseinandersetzen, wird es weniger furchteinflößend. Solange es uns nicht umbringt und anderen keinen Schaden zufügt, ist es nicht so schlimm. Gebe deiner Angst Raum, aber dann schließe die Tür und beschäftige dich mit all den positiven Möglichkeiten, die diese Entscheidung für dich bereithalten kann. Wie möchtest du dein Leben verbringen und inwieweit beeinflusst diese Entscheidung es? Entspricht eine der Optionen eher deinen Werten oder geht es nur um die Erwartungen Anderer? Wer möchtest du nach diesem Entschluss sein?

Du darfst aus den Erfahrungen und Fehlern anderer Menschen lernen, es sind jedoch deren Ansichten und nicht deine. Du hast ein Recht, deine eigenen Erfahrungen und Fehler zu machen.

Deine Angst, die falsche Auswahl zu treffen, ist unbegründet, denn es wird passieren! Jeder von uns hat bereits falsche Wege eingeschlagen, auf der anderen Seite dadurch auch eine Menge gelernt. Manchmal sind es anfangs richtige Entscheidungen, die sich als falsch entpuppen. Falsche Einschätzungen, die nach Jahren doch noch gut sind oder eben falsch bleiben. In unserer Gesellschaft wird vorgegeben, dass ein Fehltritt etwas Unumkehrbares und Lebensbedrohliches ist. In Wahrheit sind sie unser bester Lehrer. Eine Entscheidung führt zur nächsten, so wird es immer weitergehen. Verharre nicht in einer Situation, die dich unglücklich macht, nur aus Angst, du könntest den falschen Weg wählen.

XIII. Step

- Nehme dir Zeit, um über deine tiefsten persönlichen Überzeugungen nachzudenken; welche Werte hast du und welcher Mensch möchtest du nach dieser Entscheidung sein?
- Wo liegen deine Prioritäten?
- Was sagt dein Bauchgefühl?
- Wenn es dir schwerfällt, die Meinung anderer auszublenden, frage dich: „Wie würde ich mich entscheiden, wenn ich alleine in einer Höhle festsitzen würde, ohne Kontakt zur Außenwelt und es nur um mich ginge?"
- Bleibe nicht in einer Situation, die dich unglücklich macht, nur aus Angst vor einer falschen Entscheidung

Input

Ein·fluss
die Wirkung, die jmd. oder etwas auf jmdn. hat

Stelle dir vor, du bist ein leeres Glas, das jeden Tag neu aufgefüllt wird. Und nun denke an gestern. Womit wurdest du befüllt? Mit süßer hausgemachter Limonade oder mit Gift?

Mit wem umgibst du dich? Was siehst du dir im Fernsehen an? Mit wem sprichst du und welche Worte verwendest du?

Seltsamerweise gibt es uns ein Zugehörigkeitsgefühl, uns zu beschweren. Sich über Politik, das Wetter oder wie unfair das Leben im Allgemeinen doch ist, aufzuregen, findet selbst bei fremden Menschen sofort Anklang. Allerdings macht uns die Dauerschleife an negativem Input auch den inneren Frieden kaputt. Noch nie hat es jemand geschafft, das Wetter zu verändern, warum also darüber reden? Im alltäglichen Leben ist es nicht immer möglich, sich aus solchen Gesprächen zurückzuziehen. In diesem Fall bleibt uns nur noch die Option, das Gespräch zu lenken und damit die Stimmung zu heben. Sicher gibt es einige positive Faktoren und falls nicht, bringe ein, was man aus dieser Entwicklung lernen kann. Achte auf deine Worte, denn was wir aussprechen, fühlen wir in der Regel auch.

Welche negativen Einflüsse gibt es in deinem Leben? Welche Gewohnheiten haben sich eingeschlichen, obwohl du dich danach schlecht fühlst? Siehst du dir die Nachrichten an? Lässt du jeden Tag, und das manchmal sogar mehrfach, alles Leid der Welt auf dich niederprasseln? Vermeide eine Woche lang alle Kanäle, die dir ausschließlich negative Nachrichten übermitteln und sieh, wie es dir dabei geht. Glaube mir, wenn etwas wirklich Wichtiges passiert, wirst du es erfahren. Darauf zu verzichten, dich passiv mit Negativität berieseln zu lassen, bedeutet nicht, die Augen zu verschließen, denn wenn du wirklich helfen möchtest, werde aktiv. Es hilft niemandem, dir das Übel vom Wohnzimmer aus anzusehen und dann weiterzumachen wie zuvor.

Wenn du ständig von den Gleichen Sachen genervt bist, überlege dir, ob es wirklich keine andere Lösung gibt. Es kommt vor, dass wir uns immer wieder über das Gleiche beschweren, ohne ein einziges Mal ernsthaft über eine vernünftige Lösung nachgedacht zu haben.

Baue dir ein Umfeld auf, dass dich positiv beeinflusst und dir Freude bringt. Schenke dir selbst Zeit für dich, in der du es dir gut gehen lässt. Welche Aspekte deines Lebens kommen dir in den Sinn, die sich nach deinem Wunsch oder sogar noch besser entwickelt haben? Wir leben häufig im Mangel, fokussieren uns auf all das, was uns fehlt und vergessen, das zu sehen, was wir erreicht haben.

Unser Leben ist auf Autopilot gestellt und hält uns davon ab, das wertzuschätzen, was wir uns noch vor einigen Jahren so sehr gewünscht haben und nun Realität ist. Klopfe dir ab und zu selbst auf die Schulter, für alles, was du machst und sei stolz auf dich.

Nichts holt uns rücksichtsloser ins Leben zurück als der Tod. Wenn jemand, der uns nahesteht stirbt, fangen wir an, die richtigen Fragen zu stellen. Erst dann bemerken wir, dass die meisten unserer Probleme unwichtige Kleinigkeiten sind, an denen wir uns emotional aufgehängt haben. Uns wird bewusst, dass wir diese Person selbst sein könnten und wir verstehen, dass uns das, was wir für selbstverständlich halten, auch entrissen werden kann. Und doch verbringen wir zu viel Zeit in Jobs, die wir hassen und in unglücklichen Beziehungen. Wenn du wüsstest, dass du in einer Woche stirbst, würdest du deine Zeit weiterhin so verbringen wie du es jetzt tust? Oder würdest du alles um dich herum ganz anders wahrnehmen? Niemand verlangt von dir, jeden einzelnen Tag zu lieben, aber keines der grauen Haare und keine Falte, über die du dich aufregst, ist selbstverständlich. Das dürfen wir uns ab und zu ins Bewusstsein rufen.

XIV. Step

- Mit welchen Einflüssen umgibst du dich täglich?
- Beschwerst du dich nur oder denkst du auch über eine Lösung nach?
- Klopfe dir ab und zu selbst auf die Schulter
- Nichts ist selbstverständlich

Nein danke

> **ver·nei·nen**
> mit „nein" antworten

Wie oft hast du in deinem Leben schon *Ja* gesagt, obwohl du *Nein* meintest? Vielen von uns fällt es schwer, etwas abzulehnen. Wir wollen niemanden verunsichern oder gar verletzen. Somit stellen wir uns nicht nur hinten an, sondern betrügen uns damit regelrecht.

Das Thema ist so umfassend, dass wohl ein eigenes Buch nötig wäre, um alle Aspekte des Nein-sagens zu beschreiben. Es mag zudem daran liegen, dass es sich hierbei um ein Herzensthema handelt, weil ich weiß, wie es ist, nicht Nein sagen zu können, sich für alles verantwortlich zu fühlen und dabei selbst völlig auf der Strecke zu bleiben. Ich fand mich wieder in einer Abwärtsspirale, bestehend aus zu vielen Menschen, die mich ausnutzen wollten. Das Erfüllen fremder Aufgaben kostete mich so viel Zeit, dass für mich selbst kaum welche blieb. Wenn man sein Leben so verbringt, bedeutet das den puren Stress! Keine Zeit für Erholung, um den Akku wieder aufzuladen.

Wann ein klares *Nein* angebracht ist, weißt nur du. Du spürst, wie sich ein aufrichtiges *Ja* im Gegensatz zu einem falschen anfühlt.

Wann warst du das letzte Mal irgendwo, wo du nicht sein wolltest? Du meintest *Nein*, hast aber *Ja* gesagt und fandest dich wieder in einer Situation, in der du dich unwohl gefühlt hast, aber dennoch gewillt warst, dich anzupassen. Manchmal ist es nicht zu vermeiden, wir sind gezwungen selbstbewusst und professionell zu wirken, obwohl uns die Beine zittern, oder müssen uns mit Themen auseinandersetzen, die uns nicht interessieren. Es ist anstrengend. Unsere Körperhaltung zeigt es deutlich, denn sobald wir diese Situation verlassen, sacken wir zusammen und atmen erst mal aus. Sich zu verbiegen, kostet enorm viel Energie und wir sollten es möglichst vermeiden.

Gelassenheit bedeutet, bei dir zu sein und in dir zu ruhen. Deshalb hängt sie sehr stark mit unserem Selbstwertgefühl zusammen. Wie viel inneren Frieden bist du dir wert? Ein freundliches und aufrichtiges *Nein* ist ein *Ja* zu Zufriedenheit, denn damit schaffst du dir Handlungsspielraum, du übernimmst das Ruder und entscheidest dich für dich. Das wiederum bietet Unterstützung dabei, eine sichere Zone in dir zu erschaffen. Einen Ort, an dem du dir vertrauen kannst, dich darauf verlassen darfst, geschützt zu sein, weil du eine klare Grenze ziehst. Was ist in Ordnung und wie viel ist zu viel?

In unserem privaten Umfeld haben wir die Möglichkeit, um Aufschub zu bitten, wenn wir uns mit einem *Ja* nicht wohlfühlen. Sollte dir das *Nein* bereits klar sein, kannst du deinem Gegenüber offen erklären, dass du gerade *Nein sagen* lernst und dich nicht danach fühlst.

Es macht uns Angst, etwas abzulehnen, weil wir hierfür unsere Komfortzone verlassen, aber du darfst auch im Berufsleben Nein sagen. Du solltest Grenzen setzen, wenn du das Gefühl hast, eine Aufgabe nicht bewältigen zu können. Erkläre, dass du nicht die gewünschte Qualität abliefern würdest. Ein aufrichtiges: „Tut mir leid, ich werde es nicht schaffen" wird dir mehr Vertrauen einbringen, als ein Zustimmen zu einem Auftrag, bei dem du die Nerven verlierst, weil du dir zu viel aufbürden wolltest, denn es zeigt, dass du deine Fähigkeiten einschätzen kannst.

Von Zeit zu Zeit fühlen wir uns verantwortlich, obwohl etwas nicht in unseren Aufgabenbereich fällt und wir uns eigentlich ganz klar davon trennen sollten. Wir müssen nicht die selbstverschuldeten Lasten aller anderen mittragen und uns aufopfern. Manchmal ist es schlichtweg nicht deine Aufgabe.

Nein verschafft uns zudem die Möglichkeit, etwas zu verpassen und das dürfen wir auch. Jeden Tag werden uns viele Möglichkeiten unterbreitet und es ist völlig in Ordnung, etwas an dir vorbeiziehen zu lassen. All unsere Pläne sorgen dafür, dass wir keinen Raum mehr haben um uns zu fragen, ob wir Lust auf etwas haben. Sie nehmen uns die Option, uns nach dem Aufstehen damit zu beschäftigen: Wonach fühle ich mich heute?

Gebe der Spontanität wieder mehr Raum, denn sicher weißt du: Die lange im Voraus geplante Party übertrifft selten das spontan ausgeartete nur-kurz-mal-treffen.

Wenn du also das nächste Mal *Nein* spürst, dann sage es und lasse dich nicht fremdplanen. Es wird dein Selbstvertrauen stärken, weil du dir dadurch *selbst vertrauen* kannst.

Du hast jederzeit das Recht, etwas abzulehnen. *Nein* ist dein privater Raum, auf den du einen Anspruch hast. *Nein* ist Freiheit.

XV. Step

- Du spürst, wann ein klares Nein angebracht ist
- Sich zu verbiegen kostet sehr viel Kraft
- Ein aufrichtiges Nein ist ein Ja zu dir selbst
  Du bist nicht für alles und jeden verantwortlich
- Lasse wieder Spontanität zu, indem du aufhörst alles zu planen
- Ein „Nein" ist dein privater Raum, auf den du jederzeit Anspruch hast

Sorgen um Morgen

sor·gen
mit Beklemmung, Bedrückung, Erregung einhergehender Gefühlszustand [angesichts einer Gefahr]; undeutliches Gefühl des Bedrohtseins

Wenn du absolut keine Sorgen und Ängste in dir trägst, würde das bedeuten, dass du nichts zu verlieren hast. Wäre das nicht ein trauriges Leben?

Wenn du jemanden liebst, befürchtest du, diesen Menschen zu verlieren. Wie geht es dir damit, dir genau dieses Szenario auszumalen? Stellst du dir vor, dein Partner würde nicht nach Hause kommen oder deinem Kind passiert etwas? Falls ja, dann weißt du, wie es sich auswirkt. Es ist ein schreckliches Gefühl, dass man im ganzen Körper spüren kann, solange bis man sich in die Wirklichkeit zurückholt und diese Gedanken verwirft. Es zeigt, wie sehr dein Körper unter diesen Gedankenspielen leidet. Er empfindet Stress.

Wir dürfen Angst haben, allerdings wird es problematisch, wenn unsere Befürchtungen uns übermäßig beeinflussen und einschränken. Deshalb dürfen wir von Sorgen nicht unser Leben bestimmen lassen.

Vor Kurzem habe ich einen Beitrag gelesen, in dem Kinder davon berichten sollten, was sie beschäftigt. Viele von ihnen erzählten, dass sie Sorge hätten, durch die Inflation nicht genug Geld zu verdienen, um sich eine Wohnung oder ein Haus zu leisten. Ich war schockiert, denn diese Sorgen wurden offensichtlich von Erwachsenen übertragen. Möchten wir den Kleinsten wirklich vorleben, Angst zu haben vor eingebildeten Szenarien, die in der Zukunft passieren könnten, die jedoch mit ihrem jetzigen Leben nichts zu tun haben?

Niemand weiß, wie das Leben verläuft, es wird aber sicher nicht besser dadurch, sich ständig das Schlimmste auszumalen. Sorgen ändern nichts an der Realität im Außen, dennoch verursachen sie viel in deinem Innenleben und wirken sich schädlich auf unsere Gesundheit aus. Das, obwohl 95% von dem, was du dir ausmalst, niemals stattfindet. Wenn du es dir beweisen möchtest, erstelle ein Tagebuch und schreibe einige Wochen alles auf, was dich beunruhigt. Worum kreisen deine Gedanken? Einige Zeit später kannst du dir das Ergebnis ansehen und feststellen, dass das meiste nie eingetroffen ist. Eine unverfälschte Statistik hilft uns, zu verstehen, wie unbegründet viele unserer Ängste sind.

Die selbstbewusstesten Menschen werden unsicher, wenn eine Verabredung ansteht. Tagelang stellen wir uns vor, wie dieses Date verlaufen könnte und wir werden immer nervöser. Natürlich kommt am Tag X alles anders als geplant. Deine Haare liegen nicht richtig, du bist spät dran, dementsprechend abgehetzt und du bist dir sicher, er oder sie findet dich zu dick, zu dünn oder einfach zu *du*. Meist verläuft die Situation völlig anders als in deiner Vorstellung, und selbst wenn deine Sorgen zur Realität werden und du deinem Gegenüber nicht gefällst, ist es nun mal so. Unabhängig davon, wie intensiv du vorher darüber nachgedacht hast. Wenn du diese Gedanken wahr- aber nicht zu ernst nimmst und mit Leichtigkeit und Gelassenheit zu diesem Date gehst, wirst du sicher positiver rüberkommen als mit all deinen Sorgen im Gepäck.

Unser Kopf kann uns in aller Kreativität stundenlang erzählen, was denn alles passieren *könnte*. Am liebsten um zwei Uhr nachts oder in Situationen, in denen es wirklich vorteilhaft wäre, gelassen zu bleiben. Wenn das wieder der Fall ist, kannst du dich damit beruhigen, die

Situation in deiner Vorstellung so durchzuspielen, wie sie wäre, wenn alles perfekt läuft.

Sorgen haben keinen Vorteil. Du kannst planen und bangen und doch ändert sich nichts. Erleichtere dir dein Leben genau jetzt, indem du die ständigen Grübeleien stoppst.

XVI. Step

- Sorgen sind ein Gedankenspiel, bei dem dein Körper Stress empfindet, obwohl sie nichts an der Realität ändern
- Führe einige Wochen lang ein Sorgentagebuch und überzeuge dich selbst davon, dass 95% von dem, was du dir ausmalst niemals stattfindet

Herausforderung angenommen

Selbst·über·schät·zung
übertrieben positive Fehleinschätzung der
eigenen Fähigkeiten

Wenn Kinder nicht gerade Interviews über ihre Zukunftsängste geben, können wir eine Menge von ihnen lernen. Warst du in letzter Zeit mal auf einem Spielplatz? Man kann kaum hinsehen, wenn sie stürmisch aus abnormalen Höhen von Schaukeln springen. Es ist nicht auszuschließen, dass es an ihrer enormen Selbstüberschätzung liegt, dass sie sich meist nichts tun.

Für uns gibt es die Geschichten von Menschen, die sich in Abenteuer stürzen, die die meisten nicht für möglich halten. Der Ablauf ist oft der Gleiche: Sie werden ausgelacht und nicht für voll genommen, bis sie es tatsächlich machen. Unzählige Male haben sie sich anhören müssen: Das ist unmöglich. Der Unterschied zwischen ihnen und dir ist nur, dass sie nicht lieber zuhause geblieben sind und sich dachten: „Ach, würde ich nur ..." Warum sollten andere es können und du nicht?

Schöpfe dein Potenzial aus und mache etwas, das du dir im Normalfall nicht zutraust. Über unsere Grenzen zu gehen und Herausforderungen anzunehmen, verleiht uns Selbstvertrauen und härtet uns ab. Dadurch können wir in Verhältnissen, die uns in der Regel panisch werden lassen, viel entspannter bleiben.

XVII. Step

- Warum sollten es andere können und du nicht?
- Mache regelmäßig etwas, das du dir nicht zutraust, um mehr Selbstvertrauen zu schöpfen

FehlErlarm

Feh·ler
Abweichung eines Zustands, Vorgangs oder
Ergebnisses von einem Standard, den Regeln
oder einem Ziel.

Wir wachsen auf mit Menschen, die uns nahelegen, dass sie uns vor allen Fehlern bewahren wollen, die sie gemacht haben. Wir fokussieren uns mehr auf die Angst vor dem Scheitern als auf den Lerneffekt von Fehlern. Sie werden grundsätzlich verteufelt und das, obwohl jeder sie macht. Gerade diejenigen, die so tun, als wären sie fehlerfrei, haben womöglich die meisten begangen. Wir sollten viel souveräner mit Fehlern umgehen und sie als Ansporn betrachten, der uns hilft, eine neue Lösung zu finden. Keiner von uns wird je an den Punkt kommen, perfekt zu sein. Somit ist das wohl kaum ein erstrebenswertes Ziel, sondern die Garantie für Frustration? Oft stagnieren wir lieber als in Kauf zu nehmen zu scheitern und dadurch Erfahrungen zu sammeln.

Nicht selten sah ich meinen Auszubildenden die Angst in den Augen an, wenn sie einen Fehler gemacht haben, noch bevor sie davon berichteten. Ich freute mich insgeheim ein wenig darüber, denn sie würden aus jedem Missgeschick höchstwahrscheinlich sehr viel lernen und es dadurch nicht wiederholen. Zusätzlich hatte ich die Chance ihnen zu zeigen, wie sie es ausbügeln konnten. Darauf kommt es doch wirklich an. Man ist kein Experte, wenn man Fehler vermeidet, sondern wenn man weiß, wie man mit ihnen umgeht.

Die meisten erfolgreichen Menschen haben mindestens eine Geschichte des Scheiterns zu erzählen. Traue dich also Fehler zu machen. Stehe zu ihnen, anstatt sie unter den Teppich zu kehren, und reflektiere, was schiefgelaufen ist.

Schenke auch Anderen das Gefühl, dass es in Ordnung ist, nicht perfekt zu sein. Fehlschläge sollten mit einem „Zumindest hast du es versucht" enden und nicht mit einem „Ich hab's dir doch gesagt".

XVIII. Step

- Fehler haben den größten Lerneffekt
- Du wirst nicht zum Experten durch das Vermeiden von Fehlern, sondern wenn du weißt, wie man mit ihnen umgeht
- Auch andere dürfen Fehler machen

Akzeptanz

> **Ak·zep·tanz**
> Fähigkeit, Situationen, Personen oder
> Lebensumstände so hinzunehmen, wie sie sind.
> Die Realität wird mit all ihren Umständen
> angenommen.

Die Tipps in diesem und vielen anderen Büchern und überhaupt in den meisten Bereichen der Persönlichkeitsentwicklung sind konsequent widersprüchlich.

Wir sollen uns auf etwas fokussieren und darauf hinarbeiten, aber währenddessen im Hier und Jetzt bleiben. Wie können wir unsere Ziele verfolgen und gleichzeitig alles akzeptieren, wie es ist? Kann man es nur falsch machen oder ist doch alles richtig? Es bedeutet lediglich, dass du dir aussuchen kannst, welche Ratschläge du annimmst und hier beginnt die Akzeptanz.

– Akzeptiere den Widerspruch

Du kannst noch so viele Gemeinsamkeiten mit jemandem haben, du wirst keinen Menschen finden, der in allen Bereichen des Lebens genau so ist wie du. Wie soll sich da alles nicht widersprechen? Wenn andere mit mehr Druck klarkommen, heißt es nicht, dass du dich zerquetschen lassen musst. Höre auf, dich zu vergleichen und akzeptiere, dass du keine Festplatte bist, die man mit möglichst vielen Informationen bespielen kann und alles ist bestens.

– Akzeptanz vor Veränderung

Vor jeder Veränderung steht Akzeptanz. Wenn du dir die Jetzt-Situation nicht bewusst gemacht hast, kannst du sie nicht verändern. Du wirst nicht in der Lage sein, etwas gegen deine Ängste zu unternehmen, bevor du akzeptiert hast, dass sie da sind. Du kannst dich nicht selbst lieben, bevor du dich nicht angenommen hast und damit meine ich auch den Aspekt, dass du manches an dir niemals bejubeln wirst und das auch in Ordnung ist.

Du kannst nicht gelassener werden, bevor du nicht eingesehen hast, dass du überfordert bist. Stress lässt sich nicht abbauen, wenn du ihn verleugnest. Deine Emotionen lassen sich erst lenken, wenn du sie akzeptiert hast. Erst wenn du wahrnimmst, dass dein Umfeld vielleicht nicht das Richtige ist, kannst du es umkrempeln. Die Aufzählung lässt sich bis ins unendliche Fortführen und sie zeigt, dass Akzeptanz in vielerlei Hinsicht der Grundbaustein für deine Persönlichkeitsentwicklung ist.

Akzeptanz bedeutet nicht zwingend, dass du etwas ändern musst und sie ist nicht gleichzustellen mit Verdrängung. Es ist durchaus möglich, im Zusammenhang mit bestimmten Themen Trauer und Wut zu empfinden und trotzdem ein glückliches Leben zu führen. Manchmal akzeptieren wir heute etwas, mit dem wir morgen schon wieder nicht zurechtkommen und starten immer wieder neu. Auch das kommt vor. Es geht darum, ein Bewusstsein dafür zu entwickeln. Wenn wir etwas nicht akzeptieren, befinden wir uns im Clinch mit der Realität und somit im Widerstand.

Meiner Meinung nach verpassen wir sehr viel unseres Lebens, während wir ständig nach irgendetwas suchen. Wir suchen nach mehr Sinn, mehr Befriedigung, mehr Glück und während wir suchen, sind wir blind für das, was schon da ist. Wir wünschen uns für alles eine Erklärung, wir werden sie aber nicht immer bekommen. Das, was dir widerfährt, hat manchmal einen Sinn und gelegentlich vielleicht nicht.

Im Leben widerspricht sich beinahe alles, wenn wir es nur klein genug auseinandernehmen. Zu viel Nachdenken macht uns verrückt. Ich grüble manchmal minutenlang darüber nach, warum ich so viel nachdenke, es ist schlimm und ein bisschen lustig. In jedem Fall führt es zu nichts.

Akzeptanz bedeutet hinzunehmen, dass wir auf manche Fragen nie eine Antwort bekommen werden.

XIX. Step

- Akzeptanz ist ein Grundbaustein der Persönlichkeitsentwicklung
- Wenn wir etwas nicht akzeptieren, befinden wir uns im Widerstand
- Wir wünschen uns für alles eine Erklärung, wir werden sie aber nicht immer bekommen

Optimierungsstress

op·ti·mie·ren
etwas so machen, dass es besser
und effektiver wird

An dir selbst zu arbeiten sollte keinesfalls zu einem weiteren Punkt auf deiner Liste werden,
der dich noch mehr unter Druck setzt. Uns wird
vermittelt, dass wir morgens um fünf Uhr aufstehen müssen, um uns einen selbstgepflückten
Smoothie zuzubereiten. Wir sollten jeden Tag
20 Minuten (warum sind es eigentlich immer 20
Minuten?) meditieren, Sport treiben und täglich
an unserem Visionsboard arbeiten, um doch noch
einen Traum aus uns herauszukitzeln.

Ich bin der Meinung, dass die meisten von
uns ein Leben führen, in das nicht einmal die
Hälfte aller Vorschläge hineinpasst. Dein Ziel
ist es, gelassener zu werden, und deine Persönlichkeitsentwicklung sollte dich nicht in die
nächste Spirale aus Stress, Druck und Frustration befördern.

Nutze alle Tools, die dich glücklicher machen und ausgeglichener werden lassen, aber konzentriere dich darauf, was *du* dafür brauchst.

XX. Step

- Deine Persönlichkeitsentwicklung sollte dich keinesfalls Frustrieren und unter Druck setzen
- Nutze die Tools, die dir guttun

Veränderung

Ver·ä̈n·de·rung
Das Verlassen eines Zustandes hin
zu einem neuen Zustand

Eine Sache im Leben ist sicher: Veränderung findet statt, jeden Tag, überall in jeder Sekunde. Dennoch mögen wir sie nicht, denn sie ist unbequem und drängt uns aus der Komfortzone.

Zum Glück werden wir hier und da zu einer Umstellung gezwungen, denn niemand von uns möchte genau auf dem Entwicklungsstand von vor zehn oder zwanzig Jahren sein. Rückblickend bringen die schmerzhaftesten Veränderungen meist die besten Ergebnisse. Freunde dich mit der Veränderung an, selbst wenn du noch nicht weißt, wo sie dich hinbringen wird. Tritt ihr mit Gelassenheit entgegen, denn du wirst sie nicht aufhalten können.

*Man entdeckt keine neuen Erdteile, ohne den Mut
zu haben, alte Küsten aus den Augen zu verlieren.*
— André Gide

Was heute zu dir passt, kann sich morgen falsch
anfühlen. Wir müssen kämpfen und uns durch-
beißen, auch wenn es hart ist? Wirklich? Wenn
sich etwas so dermaßen schlecht anfühlt, dass
es deine physische oder psychische Gesundheit
ernsthaft gefährdet, sollte man dann weitermа-
chen? Wir wachsen an unseren Aufgaben, Herausforderungen machen uns größer und stärker
und manchmal machen uns Umstände schlicht
kaputt. Alles was du wissen musst, befindet sich
schon in dir. Nur du kannst einschätzen, wann
es gut wäre, sich durchzusetzen und wann es an
der Zeit ist, aufzuhören. Wenn du weißt, warum
oder wofür du etwas machst, kannst du dich
immer darauf beziehen. Wenn es diesen Grund
aber schon lange nicht mehr gibt, du nichts
ändern kannst und Weitermachen nicht mehr
verkraftest, ist Aufhören ebenfalls eine Option.

Veränderung bedeutet Herausforderung und
das ist es doch, was wir unterbewusst suchen;
Herausforderungen, um uns weiterzuentwickeln.

Es hat mich sehr berührt, als eine Freundin zu
mir sagte: „Tracy, ich bin jetzt 56 Jahre alt und
ich wünschte, ich hätte mich viel früher um

mein Glück gekümmert, so wie du es tust." Mich hat das sehr berührt und inspiriert. Sie ist einer der gelassensten und glücklichsten Menschen, die ich kenne und zeigt damit, dass es für die Erkenntnis, sein Leben so zu verbringen, wie man es möchte, nie zu spät oder zu früh ist. Ob du am Ende deines Lebens zufrieden zurückblickst, hängt davon ab, ob du deine eigenen Träume, Wünsche und Visionen verfolgt hast. Ich sage bewusst nicht „erreicht", denn das musst du gar nicht. Es ist wichtig, es zu versuchen, indem du Veränderungen nicht nur zulässt, sondern herbeiführst. Erschaffe dir eine Welt, in der Selbstverwirklichung nicht mehr belächelt wird. Forme dir ein Umfeld, dass dich unterstützt und nicht herunterdrückt.

XXI. Step

- Veränderung drängt uns aus der Komfortzone und das ist gut so
- Du weißt, wann es gut wäre, sich durchzusetzen und wann es an der Zeit ist,
  aufzuhören
- Erschaffe dir eine Welt, in der Selbstverwirklichung nicht mehr belächelt wird
- Forme dir ein Umfeld auf, dass dich unterstützt und nicht herunterdrückt

Sei grundlos glücklich

Glück
angenehme, freudige Gemütsverfassung

Unser Wohlbefinden ist an so viele Umstände und Wenn-Dann's gekettet, dass es verwunderlich ist, dass es uns überhaupt ab und zu gut geht. Du bildest dir ein, glücklich zu sein, sobald du etwas Bestimmtes erreicht hast. Wenn es so weit ist, stellst du fest, dass das kleine Erfolgserlebnis viel schneller wieder verschwunden ist, als es kam. Vorausgesetzt du nimmst es wahr, denn oft jagen wir schon dem nächsten Ziel hinterher und beachten das vorherige nicht mehr. Highlights sind eben nur Highlights, kleine Lichtpunkte, die kurz glücklich machen.

Nicht jeder Tag kann diese Lichtpunkte beinhalten und stelle dir vor: Wenn du täglich dein Lieblingsessen isst, wird es weder etwas Besonderes sein, noch würde es dich zufriedenstellen oder gar glücklich machen. Spätestens nach ein paar Wochen würden wir nur noch die Nase rümpfen. Auf Abruf alles zu haben, was wir uns wünschen, wäre der größte Fluch, den wir uns (nicht) vorstellen können. Wir müssten auf nichts mehr hinarbeiten und hätten schlicht keine Ziele mehr. Vielleicht würden wir nicht nach mehr Gelassenheit streben, aber dementsprechend auch keine Erfüllung mehr finden in dem, was wir erreicht haben.

Wir können Freude empfinden, ganz unabhängig von den großen Ereignissen. Es geht nicht darum, nur das zu tun, was dir gefällt, sondern Lebensfreude in alles zu bringen. Sei im Hier und Jetzt in den Momenten, die du sonst kaum beachten würdest. Eine Umarmung fühlt sich ganz anders an, wenn du ihr echte Aufmerksamkeit schenkst. Jeder kennt den Unterschied zwischen einem ersten Kuss, der uns das Gefühl verleiht, wir würden fliegen und einem Kuss nach mehreren Jahren Beziehung. Die Sache an sich hat sich nicht verändert, nur unsere Wahrnehmung und sie kann sich auch zurückverwandeln. Wir können dem Kuss seine Zauberkraft wiedergeben, indem wir solchen Kleinigkeiten mehr Wert schenken, denn sie sind die Regel – Highlights eher die Ausnahme.

Wenn du immer nur auf die großen Ereignisse wartest, die deine Wenn-Dann's erfüllen sollen, wirst du größtenteils genau das tun: warten. Wenn du diese Zeit mit Freude füllst, wirst du sie in Erfüllung verbringen. Etwas, das uns Spaß macht, lässt uns alle Ärgernisse vergessen.

XXII. Step

- Genieße kleine Erfolgserlebnisse
- Auf Ziele hinzuarbeiten ist wichtiger, als sie zu erreichen
- Empfinde Freude, unabhängig von großen Ereignissen und schenke Kleinigkeiten wieder mehr Wert
- Spaß ist eines der effektivsten Mittel gegen Stress

Warum solltest du Gutes tun?

> ## Wohl·tä·tig·keit
> Selbstlose Handlung, durch die jemandem
> Hilfe und Unterstützung zuteil wird

Weil du es kannst.

Wenn du etwas Gutes tust, fühlst du dich gut. Du brauchst hierfür weder einen Grund noch eine Gegenleistung. Mache Komplimente, halte jemandem die Tür auf und bringe die Person mit den Sorgenfalten zum Lachen. Gib etwas weiter und teile, wenn du genug hast. Frustrierte Menschen helfen niemandem, weil sie frustriert sind, oder wurden sie es deshalb erst? Wir wissen, schenken ist noch schöner als beschenkt zu werden. Kein Gefühl der Welt kann mithalten mit dem, etwas bewirkt zu haben. Indem wir anderen helfen, sind wir ein Teil von etwas. Wir steigern unser Selbstwertgefühl nicht durch Affirmationen oder indem wir uns über andere stellen, wir steigern unseren Wert dadurch wirklich. Wir werden wichtig für etwas oder jemanden, wir hinterlassen einen positiven Einfluss und sehen nicht mehr nur weg. Stelle dich zur Verfügung, wenn es jemandem schlecht geht, denn diejenigen, die deine Hilfe am dringendsten brauchen, werden dich nicht danach fragen.

XXIII. Step

Wenn du etwas Gutes tust, fühlst du dich gut

Same, same

gleich
unverändert, sich nicht ändernd

Du hast dir vorgenommen, gelassener zu werden, deshalb liest du dieses Buch. Oder es ist dir *zugefallen*? Sicher kein Zufall! Ganz egal, was du in deinem Leben, an oder in dir, verändern möchtest, nichts wird anders, solange du das Gleiche tust. Verlasse deine Komfortzone, denn so lange du jeden Tag den gewohnten Weg gehst und dieselben Menschen triffst, wird dein Leben genau so bleiben, wie es ist.

Suche einen Tag lang eine Alternative für alles und das Wichtigste: lasse dich dabei nicht aus der Ruhe bringen. Frühstücke etwas anderes, nehme einen neuen Weg zur Arbeit, unterhalte dich dort mit Kollegen, denen du sonst nicht so viel zu sagen hast. Gehe nach links, wenn du nach rechts gehen willst. Gestalte deinen Abend so, wie du ihn sonst nicht verbringst und gehe entweder viel früher oder viel später ins Bett. Die kleinen Dinge werden deinem Leben Leben einhauchen, denn du wirst den ganzen Tag aufmerksamer und präsenter sein. Du könntest etwas ganz Neues entdecken. Jeder Tag kann ein kleines Abenteuer beinhalten ... oder eben einen Hauch *Meer*.

XXIV. Step

Mache einen Tag lang alles anders und lasse dich dabei nicht aus der Ruhe bringen

ENDE

Wenn ich gestresst bin oder Angst habe und Gefahr laufe, mich in dieses Gefühl hineinzusteigern, atme ich durch und gehe ins Vertrauen mit mir. Das bedeutet nicht, sich einzureden, dass alles gut wird. Wahrhaftiges Vertrauen entsteht durch das Wissen:

Alles *ist* gut!

Ge·las·sen·heit

Gleichmut, innere Ruhe oder Gemütsruhe ist eine innere Einstellung; die Fähigkeit, vor allem in schwierigen Situationen die Fassung oder eine unvoreingenommene Haltung zu bewahren. Sie ist das Gegenteil von Unruhe, Aufgeregtheit, Nervosität und Stress

Danke ...

- an alle, die mich bei diesem Buch unterstützt haben, auch wenn es mich an die Grenzen meiner Gelassenheit gebracht hat

- an meine Lektorin Sarah Kastens & ihre hilfreichen Denkanstöße

- an Katharina Schleicher für ein wunderschönes Cover und tolle Ideen

- an Stefanie Scheurich, für ein bezauberndes Innenlayout

- an Marion, meine Lieblingskorrekturleserin

- DIR! Denn du bist der Grund, warum ich schreibe!

Möchtest du mehr über mich erfahren,
mit mir Kontakt aufnehmen
oder wünscht dir meinen Support?

www.tracysummerswriting.de

write@tracysummerswriting.de

www.instagram.com/
tracy_summers_writing

*https://www.facebook.com/
TracySummersWriting/*

Wenn dir mein Buch gefallen hat, freue ich mich über eine Rezension.

Diese sind für uns Autoren die Grundlage eines erfolgreichen Buches.

Wenn du weitere Fragen hast, kontaktiere mich gerne per Mail.

Folge mir für regelmäßige Inspirationen.

Du möchtest weiter an dir arbeiten?

„Motivation fürs Leben – Wie du durch
Persönlichkeitsentwicklung in deine
Zufriedenheit kommst und ein
selbstbestimmtes Leben führst",

begleitet dich bei deiner Selbstfindung, macht
eine Bestandsaufnahme deines Lebens und hilft
dir, deine Ziele und Träume zu verwirklichen.
Starte jetzt in ein selbstbestimmtes und glückliches Leben voller Selbstliebe!